Augusto

*Una Fascinante Guía del Primer Emperador
de Roma y de Cómo Gobernó
el Imperio Romano*

© Derechos de autor 2020

Todos los derechos reservados. Ninguna parte de este libro puede ser reproducida de ninguna forma sin el permiso escrito del autor. Los revisores pueden citar breves pasajes en las reseñas.

Descargo de responsabilidad: Ninguna parte de esta publicación puede ser reproducida o transmitida de ninguna forma o por ningún medio, mecánico o electrónico, incluyendo fotocopias o grabaciones, o por ningún sistema de almacenamiento y recuperación de información, o transmitida por correo electrónico sin permiso escrito del editor.

Si bien se ha hecho todo lo posible por verificar la información proporcionada en esta publicación, ni el autor ni el editor asumen responsabilidad alguna por los errores, omisiones o interpretaciones contrarias al tema aquí tratado.

Este libro es solo para fines de entretenimiento. Las opiniones expresadas son únicamente las del autor y no deben tomarse como instrucciones u órdenes de expertos. El lector es responsable de sus propias acciones.

La adhesión a todas las leyes y regulaciones aplicables, incluyendo las leyes internacionales, federales, estatales y locales que rigen la concesión de licencias profesionales, las prácticas comerciales, la publicidad y todos los demás aspectos de la realización de negocios en los EE. UU., Canadá, Reino Unido o cualquier otra jurisdicción es responsabilidad exclusiva del comprador o el lector.

Ni el autor ni el editor asumen responsabilidad alguna en nombre del comprador o lector de estos materiales. Cualquier ofensa percibida de cualquier individuo u organización es puramente involuntaria.

Índice

INTRODUCCIÓN 1
CAPÍTULO 1 - ROMA 3
CAPÍTULO 2 - LOS PRIMEROS AÑOS 7
CAPÍTULO 3 - LOS INICIOS DE SU CARRERA 10
CAPÍTULO 4 - EL HIJO DE CÉSAR 14
CAPÍTULO 5 - EL CAMINO HACIA ACCIO 19
CAPÍTULO 6 - AUGUSTO 24
CAPÍTULO 7 - EL NACIMIENTO DE UN IMPERIO 28
CAPÍTULO 9 - MUERTE Y LEGADO 38
CONCLUSIÓN 43
BIBLIOGRAFÍA 44

Introducción

"Vosotros, jóvenes, estáis escuchando a un hombre viejo, a quien los hombres viejos escuchaban cuando él era joven" (Augusto por Suetonio)

La vida de Augusto es históricamente importante porque su liderazgo marcó una nueva era en la historia del mundo romano, una era que vería la expansión del Imperio romano a lo largo del Mediterráneo y más allá. Aún más, la influencia del Imperio romano se extendió mucho más allá de su territorio y tuvo un profundo efecto en el desarrollo de la cultura occidental.

Además, las historias y leyendas que emanan del mundo romano se han convertido en parte de la conciencia cultural del mundo occidental de hoy. Nuestra fascinación por el mundo romano es ilimitada; hay miles de películas, libros, obras de teatro y videojuegos que son inspirados en la antigua Roma. Las historias de las vidas de los grandes romanos se han convertido, a su vez, en historias e ideas que han sido adoptadas por todos, desde Shakespeare hasta la franquicia de la Guerra de las Galaxias.

Aunque el idioma, la cultura y las normas sociales de la vida romana eran muy diferentes de las que conocemos hoy en día, hasta el punto de que puede ser difícil imaginar cómo era la vida en este período, muchas de las cuestiones que afectaron a Roma son sorprendentemente similares a las que afectan a nuestras sociedades modernas. Puede que no entendamos los tecnicismos de las tácticas legislativas del Senado romano o los aspectos religiosos de su sistema de gobierno, pero sí podemos identificarnos con la idea de grandes personalidades políticas luchando por el poder en un contexto de propaganda.

Vale la pena recordar que los ciudadanos romanos querían esencialmente las mismas cosas que cualquier ciudadano: seguridad, prosperidad y estabilidad. Augusto ofreció estas cosas a la gente que había experimentado la anarquía, los disturbios civiles y la disfunción política. Sin embargo, el pueblo romano y el gobierno sospechaban mucho de los individuos poderosos. De hecho, este es el motivo por el cual la República romana en la que nació Augusto fue diseñada para evitar que cualquier individuo acumulara gran poder.

Lo que es absolutamente fascinante en la historia de Augusto es la forma en que planeó su ascenso al poder haciendo creer a la gente que el poder era lo último que quería, por lo que, como líder, fue aceptado voluntariamente y a menudo reclamado por la gente. Al mismo tiempo, también demostró ser indispensable para el Senado, cuyo trabajo era controlar su poder.

Capítulo 1 – Roma

La historia de Roma puede dividirse en tres períodos de tiempo distintos: El Reino romano, la República romana y el Imperio romano. Para entender el papel fundamental que Augusto jugó en la formación del Imperio romano, primero, tenemos que entender un poco de la historia de Roma. Mirando el mundo en el que nació Augusto, podemos entender mejor cómo su vida cambió el curso de la historia, no solo para Roma, sino para el mundo en general.

El Reino Romano

Desde la aceptada fundación de Roma entre el 753 a. C. y el 509 a. C., Roma fue gobernada por reyes. Estos reyes eran de varios orígenes culturales, incluyendo el romano, el sabino y el etrusco. Esto se denomina a veces "período legendario" porque muchas de las historias que tenemos sobre esta época son una mezcla de cuentos mitológicos, folclore y relatos históricos con diversos grados de fiabilidad. Sabemos que el territorio de Roma se expandió durante este tiempo. Esto habría llevado naturalmente a una mayor integración de las diferentes culturas, e inevitablemente, habría resultado en una competencia por el territorio.

Cada rey era elegido por la Asamblea de la Curia y debía someterse a una ceremonia para asegurar que los dioses estuvieran de acuerdo con la elección del rey. Una vez que eran nombrados, los reyes tenían poder absoluto. Controlaban los asuntos políticos, la política militar y los asuntos religiosos. Podían hacer o disolver leyes, nombrar o deshacerse de funcionarios, y se les consideraba por encima de la ley. Esencialmente, el rey podía hacer lo que quisiera.

El pueblo romano, con el tiempo, quedó insatisfecho con la monarquía. Había un fuerte sentimiento de que el sistema de gobierno era injusto, y este sistema llegó a su fin con el reinado de Lucio Tarquinio el Soberbio, que sería el último rey de Roma. Era un gobernante profundamente impopular debido a su falta de respeto por las costumbres romanas y sus tácticas violentas y opresivas para controlar a sus ciudadanos. La gota que hizo desbordar el vaso fue la violación por parte de su hijo de una mujer llamada Lucrecia, esposa de Lucio Tarquinio Colatino (que llegaría a ser uno de los primeros cónsules de Roma) e hija de una importante familia noble.

Como resultado, Lucio Tarquinio Colatino se suicidó, y su trágica historia conmovió al pueblo, levantando todas sus quejas sobre la forma injusta en que los monarcas gobernaban y la forma inmoral en que llevaban sus propias vidas. Consecuentemente, comenzó una revolución que vería el fin de la monarquía y el establecimiento de la República romana.

La República Romana

La República romana fue fundada en 509 a. C. y duró hasta 27 a. C. Se inspiró en los sistemas griegos de gobierno, aboliendo la antigua monarquía en favor de un gobierno en el que, en teoría, ningún gobernante podía estar por encima del resto. Este gobierno debía ser dirigido por dos cónsules, cada uno de los cuales era elegido por la población de forma anual. Los cónsules buscaban consejo y orientación en el Senado, el cual se formó para supervisar el gobierno. Todo el sistema fue diseñado para asegurar que cada individuo tuviera su poder controlado y que nadie pudiera tomar decisiones importantes sin la participación de otros. Esto significaba que el público podía confiar en que no sería dominado por un gobernante tiránico.

Aunque la República romana fue creada como un método más justo de gobernar el mundo romano en expansión, todavía no era una democracia. En cambio, su funcionamiento era más parecido al de una oligarquía; el papel de cónsul era generalmente asumido por un candidato que provenía de una de las familias gobernantes establecidas. Así, aunque la monarquía había sido abolida, todavía había un fuerte espíritu aristocrático entre las clases dirigentes. Los ciudadanos ordinarios aún no tenían ningún poder real.

La República romana se fundó sobre una constitución no escrita que cambiaba constantemente a medida que el gobierno se encontraba con nuevas situaciones por las que tenía que legislar. El Senado era un prestigioso cuerpo de individuos muy respetados que aprobaban decretos y daban consejos a los magistrados gobernantes. Manteniendo los ideales sobre los que se fundó la República romana y siguiendo un sistema de gobierno que permitía la adaptación, la República romana funcionó durante más de 480 años.

Sin embargo, con el tiempo, la República romana comenzó a declinar. En el siglo I a. C., estaba a punto de colapsar. El Senado, supuestamente encargado de asegurar que el poder se transmitiera de forma justa, se vio envuelto en una lucha interna por el poder. La violencia política comenzó a tomar el lugar del discurso político, que era un fenómeno nuevo en Roma. El poder se desplazó repentinamente hacia aquellos preparados para usar la fuerza, y el Senado se vio cada vez más desafiado por los generales asignados a la expansión del territorio de Roma.

En el año 70 a. C., uno de estos exitosos generales, Julio César, fue elegido para el papel de cónsul. Esto coincidió con una época de graves disturbios sociales y agitación política; el nivel de vida era bajo y la gente estaba insatisfecha con el status-quo político porque podían ver la gran diferencia entre el estilo de vida de los que poseían poder y el de los ciudadanos comunes. La esclavitud era común, y las rebeliones contra esta práctica se hicieron cada vez más frecuentes. El servicio militar había llegado a ser visto como una forma de lograr una gran riqueza en lugar de una forma de servir a la República romana.

Por lo tanto, eran los generales más ricos los que tendían a atraer a los mejores soldados, consiguiendo así el éxito.

Julio César era un líder carismático y un genio militar, por lo que estaba en la posición perfecta para lanzarse y aprovechar el caos para tomar el poder. En el año 60 a. C., Julio César y otros dos líderes, Cneo Pompeyo Magno (más conocido como Pompeyo) y Marco Licinio Craso, llegaron a un acuerdo para compartir el poder en lo que se conoció como el Primer Triunvirato, el cual marcó un punto importante en la historia de Roma; Julio César estaba listo y dispuesto a desafiar los mismos ideales sobre los que se fundó la República romana. Julio César llegaría a ser famoso por su corto rol como dictador de Roma. Su sobrino-nieto, un hombre que vendría a traer el fin de la República romana y marcaría el comienzo de la era del Imperio romano, recién estaba naciendo.

Capítulo 2 – Los Primeros Años

El 23 de septiembre del 63 a. C., Cayo Octavio nació en una familia romana mediana y relativamente cómoda. Nació en Roma, en un lugar llamado Cabeza de Buey, pero pronto fue llevado a Velletri, un pueblo cerca de Roma de donde provenía la familia de su padre. Roma en esta época era increíblemente superpoblada, y la familia sentía que Velletri era un mejor lugar para que el niño fuera criado, especialmente porque su padre a menudo estaba lejos, cuidando de sus deberes.

En la época de su nacimiento, el padre de Octavio, también llamado Cayo Octavio, era el gobernador de Macedonia. La familia paterna de Octavio era *ecuestre*, lo que significa que eran parte del segundo nivel del sistema de clases sociales romanas, el cual se basaba en la propiedad (la clase senatorial era la primera); eran una familia muy respetada que había trabajado sobre todo en el área bancario, además de ser magistrados, teniendo una historia de lealtad hacia Roma. El padre de Octavio había formado parte del Senado y más tarde fue elegido pretor (magistrado) en el 61 a. C. Su papel como gobernador de Macedonia en el momento del nacimiento de su hijo fue su posición más alta, y recibió muchos elogios por su servicio competente y confiable, y por su éxito en la defensa de Macedonia de los ataques de varias tribus durante su liderazgo.

La madre de Octavio, Atia Balba Cesonia, era la sobrina de Julio César, haciendo a Octavio sobrino-nieto de Julio César. César era un poder en ascenso en Roma, pero no tenía hijos en ese momento. De esta forma, el nacimiento de un sobrino-nieto podría haber generado alguna ligera atención ya que César no tenía hijos. Si no fuese por ello, el nacimiento de Octavio no habría sido considerado importante fuera de su propia familia. Es probable que se hubiera esperado que fuera un político menor o tal vez el propietario y administrador de una finca.

Las fuentes históricas nos dicen que signos ominosos en torno al momento de su nacimiento llevaron más tarde a mucha gente a creer que su llegada al mundo había sido predicha y que estaba destinado a convertirse en un gran emperador. Hubo una profecía de un oráculo que decía que el pueblo de Velletri sería el lugar de nacimiento de un gran líder del Imperio romano. El respetado erudito Publio Nigidio Fígulo predijo la grandeza de Octavio, mientras que el Cónsul Quinto Lutacio Cátulo y el filósofo y estadista Marco Tulio Cicerón afirmaron haber tenido visiones sobre la llegada de un gran líder. Incluso se creía que la madre de Octavio había tenido sueños extraños mientras estaba embarazada con él. No se sabe si estos presagios eran genuinos o si fueron descritos a posteriori, pero es muy interesante considerarlos.

Suetonio, un historiador romano, comparte un número de historias maravillosas (aunque tal vez no muy creíbles) sobre la infancia de Octavio. Algunas de las más dramáticas incluyen la desaparición del niño Octavio de su cuna. Un frenético grupo de búsqueda siguió, y finalmente, el bebé fue encontrado en la cima de una alta torre, mirando al cielo. Otras historias, como aquellas en las que es capaz de ordenar a las ranas fuera de la villa que dejen de croar o de ordenar silenciosamente a un águila que devuelva un trozo de pan robado, apuntan a la creación de una leyenda que el pueblo romano podría buscar para confirmar la autoridad predestinada de Octavio. La cultura romana puede haber aspirado a los ideales republicanos, pero también era muy religiosa, por lo que la gente buscaba que aquellos con poder político fueran sancionados por un poder superior: el de los dioses.

Octavio el mayor regresó de Macedonia a una villa familiar en Nola, Italia, en el 59 a. C. cuando Octavio tenía cuatro años. El plan era que Octavio el mayor se presentara como candidato al consulado al año siguiente. Había conseguido el apoyo necesario del Senado para presentarse a la elección como cónsul gracias a sus logros militares. Esto habría sido un avance considerable para Octavio el mayor y para su familia, y ciertamente habría tenido repercusiones en la vida de su joven hijo. Sin embargo, poco después de su regreso a Italia, murió muy repentinamente. Octavio se quedó sin padre, y la tarea de educarlo recayó sobre su madre, Atia. Como cualquier escolar romano de su entorno, Octavio fue educado tanto en griego como en latín, y sus estudios se centraron en convertirse en un hábil orador.

Atia se volvió a casar cuando Octavio tenía seis años. Su nuevo marido fue Lucio Marcio Filipo, que se convirtió en cónsul en el 56 a. C. Lucio se oponía políticamente a Julio César, pero no estaba directamente en conflicto con él, permitiéndole tener una exitosa carrera pública. Octavio fue enviado a la casa de su abuela, Julia la Menor, la hermana de Julio César. Sabemos muy poco acerca de estos años de infancia, excepto que varias fuentes mencionan que Octavio era un niño enfermizo y a menudo sufría de mala salud.

Cuando Octavio tenía solo doce años, Julia la Menor murió. El joven dio una poderosa *laudatio* (una oración fúnebre similar a un panegírico) en su funeral. Fue en este evento que fue repentinamente notado por Julio César, quien quedó inmensamente impresionado por el discurso que el niño había dado para su hermana. Esto marcó el comienzo del interés de Julio César por Octavio, lo que cambiaría la vida del joven para siempre.

Capítulo 3 – Los Inicios de su Carrera

Llegar a la edad en que un niño era considerado un hombre era un hito muy importante en muchas culturas antiguas, y lo sigue siendo hoy en día; incluso en los tiempos modernos, celebramos cuando un adolescente se convierte oficialmente en adulto. La tradición de la cultura romana en la época de Octavio daba una enorme importancia a este acontecimiento trascendental cuando un muchacho, que anteriormente habría pasado su tiempo estudiando y aprendiendo sobre la sociedad en la que iba a entrar, era considerado de repente apto para desempeñar todo tipo de responsabilidades a pesar de su falta de experiencia práctica. Este día era marcado por la entrega al joven de su primera toga.

Octavio se convirtió oficialmente en un hombre cuando cumplió 15 años, el 18 de octubre del 48 a. C. En ese día recibió su *toga virilis*, que era una prenda blanca y fluida que era un símbolo importante de la hombría y le permitía disfrutar de los beneficios de la ciudadanía adulta. Mientras que muchos otros jóvenes pueden haber disfrutado de un paso más fácil hacia la vida adulta, Octavio ya había atraído la atención de Julio César, y muy pronto se le dio un papel importante en la sociedad al ser elegido en el Colegio de los Pontífices en el 47 a. C.

El Colegio de Pontífices era compuesto por las más altas figuras religiosas de Roma. Esto sin duda causó un gran alboroto en la sociedad romana de la época; era inaudito que un hombre tan joven e inexperto fuera elegido para un puesto tan alto. Octavio había sido esencialmente llevado por la vía rápida a un punto mucho más allá de sus superiores. Esto era más que un signo de la fe que el establecimiento tenía en él, sino un importante mensaje para el resto de Roma de que Octavio disfrutaba del favor de Julio César y tenía un brillante futuro por delante.

En esta etapa de su vida, las fuentes históricas empiezan a prestar más atención al joven que causaba tanto escándalo, lo que resulta útil para los historiadores que intentan comprender la vida de Octavio. Sabemos que se le consideraba guapo y que atraía mucha atención cuando se presentaba en público. Sin embargo, Octavio era muy vigilado por su madre y su familia para que no se viera tentado por algunas de las atracciones más sórdidas de Roma. Las fuentes nos dicen que se le mantuvo alejado de las mujeres para evitar cualquier relación amorosa potencialmente turbia, por lo que cuidaba de sus deberes religiosos antes del amanecer. Su vida aparentemente cambió muy poco, a pesar de su alto estatus; vivió en la misma habitación modesta, mantuvo la misma compañía y llevó una vida sencilla. Es imposible decir si estos relatos sobre el comportamiento modelo de Octavio como un joven cauteloso y sensato eran verdaderos o una forma de propaganda. De lo que podemos estar seguros es que de repente se le dio mucha responsabilidad, ya que estaba a cargo de los antiguos juegos olímpicos solo un año después de ser elegido al Colegio de los Pontífices. Estos juegos habían sido organizados para celebrar la construcción del Templo de Venus Genetrix por Julio César; una vez más, Octavio estaba siendo presentado como una figura clave en la vida política de su tío- abuelo.

En ese momento, Julio César se encontraba en un periodo crucial de su carrera. El Primer Triunvirato, la coalición que dividió el poder entre César, Craso y Pompeyo, comenzaba a romperse. Las rivalidades entre los tres hombres más poderosos de Roma se habían convertido en un conflicto total. En el 53 a. C., Craso murió, y la batalla por el poder entre Julio César y Pompeyo se hizo aún más intensa. Como líder del Senado, Pompeyo tenía el poder de disolver los ejércitos de César que luchaban en la Galia y enviar a César a Roma. No se le permitió presentarse nuevamente a las elecciones para cónsul, y en poco tiempo, César sintió que no tenía otra opción sino montar un ataque que significaba el estallido de una guerra civil. A pesar de ser masivamente superadas en número, las fuerzas de César derrotaron a las de Pompeyo en el 48 a. C. No obstante, aún quedaban fuerzas leales a Pompeyo en España, entonces conocida como Hispania, que tendrían que ser derrotadas para que César obtuviera el poder completo.

Octavio comenzó a expresar su deseo de ser más activo al servicio de Julio César, y aunque su madre le impidió unirse a las fuerzas de César para luchar en África, estaba decidido a unirse a César en España para derrotar y dispersar a los partidarios de Pompeyo. Octavio hizo planes para unirse a César, pero estos tuvieron que ser pospuestos porque se enfermó gravemente. Hay un número de veces en la vida de Octavio cuando las fuentes contemporáneas lo describen como enfermo, y esta es la primera vez que lo vemos incapaz de llevar a cabo sus deberes o promover sus objetivos debido a su mala salud.

Pero Octavio no iba a ser detenido. De hecho, lo que sucedió después nos da una idea muy clara de lo determinado y capaz que era, como se lo demostró también al pueblo de Roma y aquellos más lejanos que oyeron hablar de sus valientes escapadas. Cuando Octavio finalmente dejó Roma para unirse a Julio César en España, el barco en el que navegaba naufragó. Octavio y un pequeño número de otros sobrevivientes del accidente lograron nadar hasta la orilla. Se encontraron entonces ante la perspectiva de un viaje extremadamente difícil a través del territorio enemigo en un país que no conocían. Sin embargo, de alguna manera, lograron hacer el viaje hasta el campamento de César. Esta fue una enorme hazaña, y Julio César quedó muy impresionado tanto por la habilidad práctica como por el compromiso con la causa mostrado por Octavio. Como resultado, a Octavio se le permitió viajar con César en su carruaje personal y fue instruido por él sobre las formas de gobierno.

César y Octavio permanecieron en España hasta el 45 a. C. y luego viajaron de vuelta a Roma. César era ahora el hombre más importante de Roma, ya que se aseguró de mantener las riendas del poder reclamando el papel de cónsul y dictador durante diez años en el 46 a. C. La situación política en Roma estaba cambiando, y César había logrado ganar más poder que cualquier otra persona desde la formación de la República romana. Estaba planeando extender su poder —y el área de control romano— yendo a la guerra con Partia. Para ello, necesitaría hombres leales y capaces en la zona, preparados para tomar el control militar.

Octavio fue enviado a Apolonia en Macedonia —donde su padre había sido gobernador— para obtener una educación completa en métodos militares, así como en materias académicas. También se le dio el título de Maestro de Caballo. Esto lo convirtió en el teniente jefe, superado únicamente por el propio Julio César. Octavio fue una parte crucial del gran plan de César para empujar el control romano en el Oriente Medio. No obstante, el joven estaba por recibir aún más honor, y no fue a través de una guerra con Partia. Octavio estaba a punto de ganar más poder del que jamás podría haber imaginado, y por medios que el propio Julio César nunca podría haber previsto.

Capítulo 4 - El Hijo de César

En el 44 a. C., Julio César fue asesinado. Su muerte se ha convertido en una leyenda duradera, y mucha gente conoce la historia de cómo los senadores, incluyendo a Marco Junio Bruto y Casio Longino, conspiraron contra César y se reunieron en el Teatro de Pompeyo para apuñalarlo hasta la muerte en los ahora infames Idus de Marzo (15 de marzo). El Senado temía el rápido crecimiento del poder y el encanto popular de Julio César, y sospechaba que él planeaba establecerse en la cabeza de una monarquía. El Senado también pensaba que la única manera de proteger a la República romana en la que creían era librar a Roma de Julio César de una vez por todas. Un grupo de senadores acorralaron a Julio César y lo apuñalaron, uno por uno. De este modo, no había solamente un asesino que pudiera ser responsabilizado por el acto.

Aunque Roma estaba bastante acostumbrada a las repentinas y sospechosas muertes de líderes, la muerte de Julio César provocó un gran impacto en todo el mundo romano, y solo podemos imaginar el impacto que la noticia pudo haber tenido en el joven Octavio, que se estaba entrenando para ser parte integral del círculo íntimo de hombres poderosos de Julio César. El futuro de Octavio dependía del apoyo y patrocinio de Julio César, especialmente desde que su propio padre había muerto cuando él era un niño muy pequeño. Su futuro, que se veía tan brillante, era ahora incierto. De hecho, su seguridad como uno de los más altos tenientes de César estaba en riesgo.

Sin embargo, Julio César tenía una última sorpresa reservada para Roma y para su sobrino-nieto. Había quedado tan impresionado por el joven durante el tiempo que pasaron juntos en España que cuando regresó a Roma, hizo en secreto un nuevo testamento y lo dejó con las Vírgenes Vestales para su custodia. Este documento nombraba a Octavio como heredero y sucesor elegido de Julio César.

El regreso a Roma en ese momento representaba un serio riesgo para Octavio, quién fue advertido por algunos consejeros, incluyendo su padrastro, del peligro de volver a una ciudad que se había vuelto contra su patrón. Octavio, sin embargo, estaba decidido a regresar cuando se enteró del contenido del testamento de César. Ignorando el peligro, se dirigió a Roma para reclamar su herencia y, al hacerlo, entró en una nueva fase de su vida. Cuando llegó a Roma, descubrió que él no solo había sido nombrado como el sucesor del líder, sino que también había sido legalmente adoptado por César como hijo. Octavio tomó el nombre de Cayo Julio César y se le llamaba comúnmente César en esa época, pero los historiadores suelen utilizar el nombre de Octavio para evitar la confusión con el dictador Julio César y también para marcar su nueva identidad como heredero adoptado de César.

Lucha por el Poder

Esta noticia fue un desagradable shock para el co-cónsul de Julio César, Marcus Antonius, mejor conocido como Marco Antonio, que se había hecho cargo de sus bienes. Marco Antonio esperaba ser el heredero natural del difunto líder, que no tenía hijos vivos legítimos reconocidos por él. Antonio había ganado el apoyo popular y había logrado despertar la ira pública contra los asesinos de Julio César con un poderoso discurso pronunciado en el funeral de César, obligando a Bruto y a Casio a salir de la ciudad. Con este movimiento, Antonio estaba en camino para asegurar su propio derecho en reclamar el poder.

La llegada de Octavio perturbó los planes de Marco Antonio, y así comenzó una larga lucha por el poder entre los dos hombres. Marco Antonio permitió que Octavio asumiera las responsabilidades de Julio César y pagara sus legados al pueblo romano, pero no quiso liberar ninguno de los fondos de César, así que Octavio tuvo que encontrar el dinero él mismo. Marco Antonio incluso llegó a difundir rumores de que Octavio solo se había convertido en el heredero de César a través de favores sexuales. Aunque esta era una forma muy común de cuestionar la legitimidad del poder de un rival en Roma, seguía siendo una sugerencia perjudicial en un momento en que Octavio trataba de ganarse el respeto del gobierno y del pueblo romano.

La naturaleza decidida e ingeniosa de Octavio se impuso en este punto crucial de su carrera. Necesitando dinero, reclamó los fondos que César había reservado para su guerra planeada con Partia sin permiso del Senado. También se hizo cargo de las fuerzas militares que César había reunido para el conflicto, reforzando sus propias tropas con los militares leales de César jugando con el hecho de que era el heredero elegido por César. Comenzó a atraer a muchos de los partidarios de César y reunió un formidable ejército. Con el dinero y el ejército detrás de él, Octavio regresó a Roma para enfrentarse a Marco Antonio en el 44 a. C.

Regreso a Roma

Cuando Octavio llegó a Roma, se dio cuenta de que Marco Antonio estaba en una posición cada vez más precaria. Él estaba tratando de mantenerse en los favores del público romano y de representar al Partido Cesariano (partidarios de Julio César) mientras se mantenía a la derecha del poderoso Senado y lidiaba con la continua amenaza de aquellos que estaban preocupados de que él estaba acumulando demasiado poder de forma muy rápida, siguiendo muy de cerca a los pasos de Julio César. Habiendo hecho todo lo posible para socavar el reclamo de Octavio al poder, Marco Antonio decidió que era mejor para él dejar Roma y partir a la Galia Cisalpina, donde había planificado convertirse en gobernador. Sin embargo, la provincia estaba bajo el control de uno de los hombres involucrados en el asesinato de Julio César, Décimo Junio Bruto Albino (Décimo Bruto). El traspaso de poder no ocurrió, y los dos hombres fueron a la batalla, enfureciendo al Senado.

Esta fue una oportunidad para que Octavio se probara a sí mismo y ganara crédito en el Senado, así como para asegurar que Marco Antonio ya no era una amenaza. Octavio fue nombrado miembro del Senado y se le dio el poder de comandar las tropas para que pudiera ir y unirse a Décimo Bruto para derrotar a Marco Antonio y forzarlo a retirarse más lejos a la Galia Transalpina. Al hacer esto, Octavio formó una alianza con Marco Emilio Lépido, un poderoso candidato que había sucedido a Octavio como sumo sacerdote en el Colegio de los Pontífices. El Senado reaccionó a esta victoria decisiva contra Marco Antonio recompensando a Décimo Bruto e ignorando en gran medida la parte de Octavio en el proceso. Como resultado, Octavio se negó a seguir ayudando al Senado y en cambio marchó a Roma y exigió que fuera el sucesor de los cónsules que habían muerto en la batalla. Esto fue inicialmente rechazado, pero cuando se enfrentó a la fuerza militar de Octavio, el Senado no tuvo más remedio que elegir a Octavio para el puesto de cónsul, junto con su pariente, Quinto Pedio.

El Segundo Triunvirato

La única manera de que la batalla por el poder entre Octavio y Marco Antonio se resolviera, poniendo fin a las guerras civiles que habían plagado Roma desde la muerte de César, era que se formara una alianza. Ninguno de los dos tenía el poder de dominar completamente, especialmente bajo el ojo cuidadoso del Senado. Se dispuso que los tres hombres, Octavio, Antonio y Lépido, se reunieran en Bolonia y encontraran un camino a seguir. El 27 de noviembre del 43 a. C., se estableció el Segundo Triunvirato. Este era un medio por el cual los tres hombres podían compartir el poder y fue diseñado para durar cinco años para restablecer el control a través de los territorios romanos. Mientras que Bruto y Casio todavía tenían el poder en el este, los tres líderes, conocidos ahora como los Triunviros, dividieron entre ellos el territorio occidental. Aunque esto les proporcionó cierta seguridad frente a la amenaza que se planteaban mutuamente, también los hizo vulnerables a los desafíos de otros personajes poderosos que se oponían pública o privadamente al nuevo régimen.

El otro problema que enfrentaba el Triunvirato era el de las finanzas: se necesitaba dinero para financiar la guerra planeada contra Bruto y Casio, tanto para vengar la muerte de Julio César como para asegurar sus provincias.

La solución vino a ser conocida como las proscripciones. Se elaboró una lista (bastante larga) de hombres que cualquiera de los Triunviros podía considerar enemigos. El conflicto podía ser político, público o personal. En esta lista, había hasta 300 senadores y 2.000 caballeros (una posición social justo abajo de los senadores), entre muchos otros. Los que estaban en la lista estaban proscritos. Todos sus bienes fueron confiscados, y los que no escaparon fueron asesinados. Era relativamente fácil poner a la población en contra de los proscritos simplemente ofreciendo recompensas por su captura. Esto eliminó a los enemigos y a los potenciales alborotadores mientras se llenaban las arcas del Triunvirato para que pudieran financiar sus ejércitos.

Octavio se encontraba en una nueva, pero aún difícil, posición. El Triunvirato era un delicado equilibrio de poder compartido que dependía de la confianza entre hombres que tan recientemente habían sido enemigos. Fue extraordinariamente útil para Octavio convertirse—para todos los efectos— en el hijo de un dios.

Capítulo 5 – El Camino Hacia Accio

En el 42 a. C., el Senado decidió deificar a Julio César, haciendo a Octavio *Divi filius*, "Hijo de la Divinidad"; ahora era oficialmente el hijo de un dios y el heredero del gran dictador. Junto con este anuncio vino mucho prestigio y muchas expectativas. Octavio parece haber prosperado en su nuevo papel, ya que el nuevo título lo impulsó incluso a sumergirse en los desafíos que ahora afrontaba con confianza. El primero de estos desafíos fue eliminar a Bruto y Casio. Esto sirvió para varios propósitos; en primer lugar, fue un acto de venganza contra los hombres que habían sido responsables del complot para asesinar a Julio César. Además, esto eliminó cualquier amenaza que pudieran haber representado, mientras que al mismo tiempo enviaba un poderoso mensaje a cualquier otra persona que pudiera considerar hacerle daño.

Filipos

Antonio y Octavio enfrentaron y derrotaron a Bruto y Casio en Filipos, Macedonia, en el año 42 a. C. Esto fue fundamentalmente una victoria para Antonio, ya que reclamó la victoria y denunció a Octavio como un cobarde que prefería delegar sus deberes militares a su general Marco Vipsanio Agripa en lugar de ir él mismo a la batalla.

Antonio hizo oír cada vez más su desaprobación acerca de Octavio y aprovechó la oportunidad después de Filipos para alinearse con Cleopatra VII de Egipto. Cleopatra era la antigua amante de Julio César y potencialmente la madre de su hijo, Cesarión. Este es el indicio más fuerte de que César tuvo al menos un hijo vivo. Sin embargo, aunque Cesarión se parecía mucho a César, este último nunca lo reconoció oficialmente.

De vuelta en Roma, Octavio se encontró con una tarea particularmente difícil. Fue responsable de reubicar a los soldados veteranos, a quienes se le había prometido hogares a cambio de su servicio. El problema era que no había tierra para asentar a los veteranos. Enfrentado a la perspectiva de soldados enojados que fácilmente retirarían su lealtad o, peor aún, se rebelarían contra él, Octavio tomó una medida profundamente impopular. Confiscó tierras de miles de ciudadanos, desalojó muchos pueblos y arrojó a innumerables trabajadores a la pobreza, la falta de vivienda y, en última instancia, a la muerte. No es sorprendente que esto haya hecho que Octavio perdiera mucho apoyo público.

Mientras tanto, la vida personal de Octavio también era bastante infeliz. Se había divorciado de su esposa, Claudia Pulcra, que era la hijastra de Marco Antonio. Esto tuvo el efecto de hacer enojar a su madre, Fulvia, quien se alió con el hermano de Marco Antonio, Lucio Antonio, y formó un ejército para luchar contra Octavio. Lucio se había beneficiado de la disminución del apoyo público a Octavio, así que este fue un momento crítico para ambos hombres. Fulvia y Lucio Antonio sitiaron a Octavio en Perusia (la moderna Perusa, Italia), pero él dio vuelta a la situación y masacró sin piedad a todos los que habían apoyado o se habían aliado con Lucio. Perdonó a Lucio porque era el hermano de Marco Antonio, pero en Perusia extensos incendios y saqueos fueron provocados con el fin de enviar un fuerte mensaje a los demás para que no se opusieran a Octavio.

La Paz de Brindisi

El Triunvirato se mantenía en pie, aunque hubiera una competencia constante entre los tres líderes. Las relaciones se habían amargado definitivamente entre Octavio y Antonio. Octavio se había enfrentado a la esposa y al hermano de Antonio mientras que Antonio tenía un romance con Cleopatra. No obstante, la relación no era una mera aventura; ¡la pareja tenía tres hijos juntos y su relación sigue siendo material para romances legendarios!

Marco Antonio regresó de Egipto con el objetivo de derrotar a Octavio, pero no había voluntad de conflicto entre los comandantes de sus fuerzas. En su lugar, se estableció la llamada Paz de Brindisi para reafirmar su alianza y redistribuir la tierra; Lépido se quedaría en África, Antonio controlaría el Este y Octavio tendría poder sobre el Oeste. Marco Antonio recibió a la hermana de Octavio, Octavia la Menor, en matrimonio como un gesto de unidad. Para el pueblo de Roma, este fue un desarrollo feliz; se habían cansado de las guerras civiles y los disturbios que traía.

Guerra con Pompeyo

En poco tiempo, las relaciones internas del Triunvirato fueron puestas a prueba por Sexto Pompeyo, el hijo de Pompeyo, antiguo aliado de Julio César convertido en enemigo. Sexto Pompeyo se negó a permitir que los cereales pasaran a través del Mediterráneo a Italia, que estaba bajo el control de Octavio. Octavio había logrado mantenerse en buenos términos con Pompeyo al casarse con su familia; se casó con una mujer llamada Escribonia, de la cual se pensaba que era una tía o hermana de la esposa de Pompeyo. Escribonia pronto quedó embarazada y dio a luz a una niña, conocida como Julia la Mayor, que sería la única hija biológica de Octavio. Sin embargo, el día que Julia nació, Octavio se divorció de Escribonia, alegando incompatibilidad, para poder casarse con Livia Drusila. Esto no ayudó en nada a las relaciones entre Pompeyo y Octavio, y como Octavio no tenía el poder militar para combatirlo, se vio obligado a renovar el Triunvirato por otros cinco años. Antonio envió tropas para apoyar a Octavio, pero Octavio no cumplió su promesa de enviar tropas para ayudar a Antonio en Partia. Así que, una vez más, la alianza entre los dos estaba en terreno inestable.

Pompeyo fue posteriormente derrotado por una alianza de Octavio y Lépido, y con promesas de dinero y de paz, Octavio logró robar muchos de los hombres de Lépido para unirse a sus propias fuerzas. Lépido no tuvo más remedio que rendirse a Octavio, y aunque fue expulsado del Triunvirato, se le permitió mantener su cargo como *pontifex maximus* (jefe del colegio de sacerdotes), aunque básicamente fue exiliado a una villa remota.

Octavio vio que la marea comenzaba a cambiar a su favor, y negoció su propio regreso seguro a Roma con el Senado para que pudiera empezar a ganar el apoyo popular del pueblo romano. En su mitad del imperio, se aseguró de que sus ciudadanos tuvieran seguridad y el derecho a la propiedad, y también devolvió más de 30.000 esclavos que habían ayudado a Pompeyo a sus antiguos dueños. Había aprendido la lección sobre el asentamiento de veteranos fuera de Italia, por lo que no se repitió la anterior agitación cuando se trató con esa temática.

La Batalla de Accio

Marco Antonio, por otro lado, no se estaba divirtiendo tanto. Su campaña en Partia había sido un completo fracaso, sin duda en parte debido a las promesas rotas de apoyo de Octavio, y había insultado a Octavio y causado un alboroto entre los romanos al divorciarse de su hermana Octavia la Menor a favor de un matrimonio ilegal con una no romana, Cleopatra VII. Ya habían estado en un famoso romance por muchos años, y ella le había dado tres hijos. Cleopatra podía ofrecerle a Antonio el apoyo militar que necesitaba, pero su relación era profundamente impopular entre los romanos y causó un daño irreparable a su reputación.

Octavio prometió públicamente renunciar al Triunvirato ahora que la paz había sido restaurada, si tan solo Antonio también renunciara. Sabía que Antonio se negaría, pero era solo una estrategia para que Antonio recibiera más mala publicidad con el público romano. Octavio fue elegido cónsul y usó su posición para difundir propaganda contra Antonio, señalando que había desfilado con Cleopatra en tronos dorados, que le había dado el título de "Reina de

Reyes", y que todos los signos apuntaban a que Antonio le había dado el poder romano a una reina extranjera. Estas afirmaciones no fueron completamente fabricadas; después de robar el testamento de Antonio de las Vírgenes Vestales, Octavio pudo probar que había planeado dividir su territorio entre sus hijos y ser enterrado con Cleopatra en Alejandría. Eso fue suficiente para que el Senado iniciara una guerra contra Cleopatra.

Octavio estaba ahora en una posición fuerte para montar un ataque a las fuerzas de Marco Antonio y cimentar su reivindicación de poder, pero no solo tenía que derrotar a Marco Antonio, sino también a Cleopatra, y su ejército era formidable. Afortunadamente para Octavio, sus comandantes militares, incluyendo a su mejor general y amigo Agripa, eran algunos de los más experimentados y capaces. El 2 de septiembre del año 31 a. C., sus fuerzas navales se reunieron en Accio, Grecia. Las fuerzas de Cleopatra sufrieron grandes pérdidas, haciendo con que ella se retirara a Egipto con muchos de sus barcos y con los de Antonio. Los que quedaron se rindieron. Octavio había logrado separar su ejército. Pasó casi un año antes de que Octavio lograra una victoria decisiva contra Antonio en Alejandría. Después de la batalla final, Antonio y Cleopatra se suicidaron, y Octavio se aseguró de que el hijo de Cleopatra, Cesarión (el posible hijo de Julio César) y el hijo mayor de Antonio fueran asesinados para que no pudieran representar una amenaza a su poder. Se apoderó del tesoro de Cleopatra y lo usó para pagar a sus ejércitos, asegurando que su vuelta y bienvenida en Roma fuesen las de un verdadero héroe.

Capítulo 6 – Augusto

La batalla de Accio fue un importante punto de inflexión para Octavio y para la República romana. La República romana no había funcionado correctamente como una república durante mucho tiempo debido a las guerras civiles que habían surgido tanto durante la vida de Julio César y especialmente después de su asesinato. El asesinato de Julio César tenía la intención de liberar a Roma de un líder que estaba acumulando poder personal; con su muerte, el Senado podría recuperar el control, y la República romana volvería a ser solo eso, una república. El caos y los disturbios que siguieron habían significado que el poder estaba dividido solamente entre unos pocos rivales, que se repartieron el territorio romano entre ellos. No era así como la República romana debiera haber sido dirigida, y los ciudadanos romanos no estaban contentos.

Debido a una combinación de buena suerte y gran planificación, Octavio se había librado de todos sus principales competidores en la lucha por el poder romano. Era sin duda el individuo más poderoso de la República romana, aunque la República fue diseñada para asegurar que ninguna persona tuviera un control completo. El Senado seguía siendo una institución poderosa, y después del ascenso y de la caída de Julio César, y la consiguiente inestabilidad mientras sus supuestos sucesores luchaban por el poder, hubo presión del pueblo para volver una vez más a los ideales de la República romana. Octavio reconoció que tomar el poder por la fuerza no iba a ser una forma efectiva de convertirse en el único gobernante del mundo romano. Necesitaba de alguna manera ganar el apoyo tanto del pueblo, que estaba desesperado por la estabilidad, como del Senado, que estaba desesperado por controlar el equilibrio de poder en Roma. Lo que se requería era una planificación cuidadosa y mucha propaganda inteligente.

Co-Cónsules

Después de su victoria en Accio, Octavio marchó triunfalmente de vuelta a Roma con su general más importante, Agripa, a su lado. Octavio y Agripa fueron elegidos para los dos puestos de cónsul, pero Octavio aún tenía que ganarse la confianza del Senado antes de empezar a acumular poder real. Era una situación difícil tanto para Octavio como para el Senado; él necesitaba su apoyo, y ellos necesitaban la estabilidad que su autoridad traería, pero también sospechaban naturalmente de un joven líder poderoso con el legado de Julio César sobre sus hombros.

Roma en ese momento estaba sufriendo mucho como resultado de las muchas guerras civiles que habían tenido lugar. Con un gobierno que se centraba en las luchas de poder y las batallas que se desarrollaban en lugares más lejanos, la aplicación de la ley romana se había deteriorado, y había un amplio malestar social. Octavio era la única esperanza para la República romana, si ésta quería volver a algún tipo de sociedad estable y productiva de nuevo.

El Primer Pacto

En el 27 a. C., Octavio realizó una de sus más importantes y calculadas movidas para ganar un amplio apoyo popular y político. En efecto, regaló sus territorios y ejércitos, transfiriendo la propiedad a la República romana, a su gente y al Senado. Esta gran demostración de renunciar a su propio poder a favor de un retorno a los valores tradicionales de la República romana fue una táctica clave para ganar la confianza del Senado y del pueblo. Octavio aún disfrutaba de una riqueza sin igual, y la lealtad de aquellos que habían luchado por él significaba que podía fácilmente comandar una poderosa fuerza militar si fuera necesario, por lo que su posición solo se vio fortalecida por este gesto. Daba la impresión de que no buscaba ganar poder personal o autocracia, sino que apreciaba los ideales de la República romana. Fue incluso más allá, gastando su propio dinero pagando por importantes infraestructuras, como edificios y redes de carreteras, para ganarse a la gente con su espíritu público y su naturaleza abnegada. Para Octavio era especialmente importante dar la impresión correcta porque estaba muy consciente de que Julio César había sido asesinado por sus intentos de obtener poder personal y que podría sufrir el mismo destino si se sospechaba de sus verdaderos objetivos.

Octavio se convierte en Augusto

Octavio fue aclamado como el restaurador de la República romana. El Senado, a su vez, le dio más responsabilidad, poniéndolo a cargo de gran parte del territorio romano, que abarcaba Siria, Galia, Chipre, Egipto y España. Este era un método de gobierno aceptado en la República romana en tiempos de crisis. El objetivo era que Octavio trajera estabilidad a estas provincias rebeldes, mientras que otras áreas serían supervisadas por gobernadores designados por el Senado, o procónsules, lo que significaba un retorno al método tradicional de gobierno en la República romana. Octavio se aseguró de que tenía influencia en el nombramiento de los procónsules y consideraba que la autoridad de estos últimos estaba algo por debajo de la suya.

Al aceptar "a regañadientes" controlar esta enorme franja de territorio romano durante diez años, Octavio pudo mantener la pretensión de querer que el poder se quedara con la República romana y no con él como individuo. También le dio el control de la mayoría de las legiones de Roma, así que tenía el poderío de los militares de su lado. Cuánto de su poder se debió a la amenaza tácita pero muy palpable de su ejército solo puede ser especulado por los historiadores. Este método de gobernar los territorios romanos llegó a ser conocido como el Primer Pacto.

Poco después de que se estableciera el Primer Pacto, el 16 de enero del 27 a. C., Octavio recibió el honor de un nuevo título: Augusto. Este era el nombre por el que sería más conocido, un nombre con un sesgo religioso que significa "ilustre" o "venerado". Octavio era ahora oficialmente conocido como Octavio César Augusto. Es crucial tener en cuenta el hecho de que muchos de los miembros del Senado que tomaban estas importantes decisiones sobre el honor de Octavio, ahora conocido como Augusto, en realidad debían sus posiciones a él. Había muchos senadores leales a Augusto que le habían ayudado a legitimar su poder. La concesión de este nuevo título era más que un simple nombre nuevo; era un símbolo externo de su cambio de papel tanto en el gobierno de Roma como en la mente de sus ciudadanos. Además de este nuevo nombre, Augusto también adoptó el título de *princeps civitatis*, que significa el primero entre los ciudadanos o el primer y más alto ciudadano de la República romana.

Con este nuevo honor llegó una serie de privilegios que serían una muestra visible del poder y de la influencia que Augusto tenía. En la tradición romana, los vestigios externos de poder eran importantes símbolos de estatus que instantáneamente le decían a todos quiénes y cuán importantes eran. Sin embargo, Augusto rechazó ideas como llevar coronas o diademas, empuñar un cetro o ponerse la eminente toga púrpura que Julio César había hecho famosa. Augusto sabía que, si apareciera abrazando los símbolos del poder con demasiada libertad, las sospechas de los que le rodeaban se levantarían, y así, su intento de mantener la apariencia de la República romana fracasaría.

Capítulo 7 – El Nacimiento de un Imperio

Este es el punto histórico que los historiadores consideran como el comienzo de la era romana conocida como el Principado. El Principado es un término usado para describir el período temprano del Imperio romano. Los historiadores consideran que el Imperio romano comenzó en el año 27 a. C., aunque Augusto aún estaba ansioso por impulsar los ideales de la República romana. No obstante, el Principado era esencialmente un régimen dictatorial que se disfrazaba para parecerse a la República romana. No era un regreso a la monarquía (ya que esto habría sido absolutamente inaceptable para el pueblo romano), sino una autocracia disfrazada.

Augusto pacientemente fue ganando poder por pequeños pasos incrementales. Mantuvo una poderosa fuerza militar, incluyendo una fuerte guardia personal para su propia protección. También se dedicó a hacer mejoras sociales y de infraestructura, y estableció nuevas rutas comerciales para mejorar la calidad de vida de los ciudadanos. Durante este tiempo, estaba ganando poder mientras seguía vendiendo al pueblo romano la imagen de sí mismo como el gran conservador y protector de la República romana. Era una forma ingeniosa de erigirse en emperador sin causar controversia o incitar a la rebelión. Manteniendo el Senado intacto, aunque con menos miembros, y consultándolos sobre ciertas decisiones, parecía que la República romana funcionaba como debía, cuando en realidad Augusto era todopoderoso.

El Segundo Pacto

En el 23 a. C., Augusto cayó gravemente enfermo. Aunque no estamos seguros de la naturaleza de esta enfermedad, fue tan grave que se consideró que se estaba muriendo. En este punto, en su lecho de muerte, encargó sus documentos a su co-cónsul, Agripa, incluyendo cuentas financieras, y delegó toda su autoridad militar. También decidió quién debía recibir sus posesiones y propiedades. Lo que no hizo, sin embargo, fue nombrar un heredero. Esto fue una sorpresa; Augusto tenía un sobrino, Marco Claudio Marcelo, a quien se creía que Augusto había favorecido, y se esperaba que Marcelo fuera nombrado heredero. Siendo un hombre muy poderoso, se esperaba que Augusto nombrara a alguien para heredar su autoridad y posición en la sociedad, pero él se dio cuenta de que esto sería un paso demasiado lejos hacia el imperialismo y provocaría hostilidad entre sus leales seguidores.

Mientras se recuperaba de su enfermedad, Augusto reconoció la necesidad de un nuevo pacto. El Primer Pacto había funcionado bien para él, y era emperador de Roma en todo menos en el nombre. Sin embargo, había varias razones para considerar un segundo pacto, la mayoría de ellas girando en torno a la necesidad de que el gobierno de Augusto continuara siendo aceptado para aquellos que eran reacios a la idea de un gobernante dictatorial, o cualquier cosa que se asemejara a una monarquía, todo esto con el fin de adquirir más poder sin levantar sospechas o incitar resentimientos.

En primer lugar, Augusto renunció al consulado. Había sido elegido cónsul cada año, pero después de haber ocupado el cargo durante diez años, Augusto reconoció que había un sentimiento creciente de que el consulado debía estar abierto a otros candidatos. Su acto de renuncia hizo parecer a todos que Augusto quería honrar el proceso republicano y dar a otros la oportunidad de servir. Aún se le permitía sentarse en la plataforma del cónsul, y conservaba su papel de procónsul para territorios fuera de la propia Roma, lo que representaba un poder considerable. De hecho, el poder que Augusto recibió a cambio de renunciar al consulado compensó con creces la pérdida de su cargo; se le concedió el poder de *tribunicia potestas* (poder de tribuno) de por vida, lo que le permitió presidir elecciones, vetar las leyes que no quería que se aprobaran, sugerir sus propias leyes en cualquier momento y, esencialmente, socavar las leyes ya aprobadas exonerando a los que hayan sido condenados por algún delito. No solo era el líder del Senado, sino que también tenía derecho a convocar una reunión del Senado en cualquier momento y a ser el primero en hablar en dicha reunión.

Dentro de la propia Roma, Augusto fue puesto a cargo de las fuerzas armadas, conocidas exclusivamente como *imperium* (anteriormente, la tarea de administrar estas fuerzas había recaído en funcionarios electos). El mando existente de Augusto en los territorios romanos también se amplió; podía incluso prevalecer sobre los procónsules que gobernaban las provincias. Todo esto significó que el Segundo Pacto sirvió para consolidar y legitimar su poder, no para disminuirlo más. Más importante aún, su poder se había incrementado a través de los medios tradicionales republicanos. Sorprendentemente, Augusto había logrado apaciguar a los que estaban preocupados por su poder mientras que en realidad ganaba aún más autoridad.

La reacción del público al nuevo acuerdo fue positiva. De hecho, el público parece haber puesto más confianza en Augusto que nunca antes. En el 22 a. C., cuando fueron amenazados por una seria escasez de alimentos, exigieron que se le diera a Augusto un poder dictatorial para que pudiera resolver el problema. Al igual que antes, Augusto hizo ademán de rechazar este poder, pero luego accedió, y la escasez de alimentos fue resuelta de forma increíblemente rápida. De hecho, ocurrió tan rápido que algunos sugieren que él diseñó toda la catástrofe para poder acudir al rescate y ganarse la confianza y la admiración de la gente. Cuando Augusto no se presentó a cónsul ese mismo año, hubo una gran protesta. Durante varios años, solo un cónsul fue elegido para que Augusto ocupara el otro puesto. El público general no entendía cómo funcionaría el Segundo Pacto, y se temía que Augusto fuera expulsado por el Senado. Con esto, era más sensato para el Senado dejar ver al público que Augusto conservaba el poder, favoreciendo nuevamente la estrategia política de Augusto.

El Segundo Pacto no solo fue un buen trato para Augusto, sino que también disipó los temores del Senado. Durante el período en que Augusto estaba enfermo, hubo preocupaciones sobre lo que pasaría si el hombre del que Roma dependía tanto moría; con su muerte, la guerra civil sería otra vez inevitable. Con la estabilidad en mente, Agripa fue nombrado procónsul y se le dieron poderes similares a los de Augusto, aunque de menor alcance. Augusto casó su hija Julia la Mayor con Agripa en un matrimonio arreglado, diseñado para asegurar la lealtad de Agripa y conseguir nietos que Augusto pudiera adoptar como herederos masculinos. Esto significaba que el Senado y el pueblo tenían paz mental, y Augusto tenía un segundo al mando que le era leal. Augusto consideraba que el Segundo Pacto en el año 23 a. C. fue cuando comenzó su reinado, mientras que los historiadores suelen utilizar la fecha en que se le dio el título de Augusto, lo que ocurrió en el 27 a. C.

Al asegurar el Segundo Pacto, Augusto introdujo un período de relativa paz y prosperidad. La caótica disrupción de los años anteriores finalmente terminó, y hubo una oportunidad para que la atención de Roma se volviera a la construcción de un imperio.

Capítulo 8 - Imperator

Uno de los títulos más preciados de Augusto —y tenía muchos— era el de *Imperator*, que significa "comandante victorioso". Fue bajo este prestigioso título que rápidamente se puso a transformar completamente la República romana en el Imperio romano. La expansión del imperio y las mejoras realizadas en Roma representaron los dos lados de la espada de doble filo con la que Augusto aseguró su reinado.

Augusto estaba ahora libre de su papel de cónsul, y así, pudo viajar mejor y participar más en la implementación de cambios "en el terreno". Desde el 22 a. C. hasta alrededor del 19 a. C., Augusto viajó por Europa y Asia, iniciando reformas y reestructuraciones a medida que avanzaba. Su mayor logro durante este período fue llegar a un acuerdo con los partos, que durante mucho tiempo habían sido enemigos de Roma. Esto significó paz y estabilidad, pero también demostró ser un impulso inestimable para la reputación de Augusto, ya que pudo recuperar los estandartes de la legión que habían sido capturados en batalla más de treinta años antes. Resolver el conflicto parto sin guerra fue el primero de una serie de acuerdos y arreglos establecidos por Augusto para proteger la paz en el imperio. Sus intenciones eran más enfocadas hacia la estabilidad que la guerra.

> Que sea mi privilegio tener la felicidad de establecer la mancomunidad sobre una base firme y segura, y así disfrutar

de la recompensa que deseo, pero solo si puedo ser llamado el autor del mejor gobierno posible; y que tenga la esperanza, cuando muera, de que las fundaciones que he puesto para su futuro gobierno se mantengan firmes y estables (Augusto por Suetonio).

Este período de viaje tiene otra importante e intrigante mención en las obras del historiador romano Suetonio, quien afirma que Augusto fue parte de los Misterios Eleusinos, una ceremonia ritual de iniciación llevada a cabo como un elemento importante del culto griego a Deméter y Perséfone basado en Eleusis. Esta fue una acción inusual para un líder romano, pero nos da una idea de las creencias personales de Augusto y su interés en lo religioso y lo mitológico.

A su regreso, Augusto realizó una serie de movidas que insinuaban sus planes para su sucesor. Le dio responsabilidades a sus hijastros, Tiberio y Druso, entregándoles poderes militares. También adoptó a sus jóvenes nietos, los hijos de Agripa, y los rebautizó Cayo César y Lucio César. Mientras que estas decisiones podrían haber hecho que otros en el gobierno, y posiblemente el público, se preocuparan de que Augusto se estableciera como una familia imperial y diera autoridad a sus propios hijos, Augusto era demasiado poderoso para enfrentar cualquier oposición en este punto. Quizás más importante aún, Augusto era increíblemente popular, lo que básicamente le permitía imponer su voluntad para hacer lo que quisiera. Esto alimentó su propia confianza en su autoridad suprema.

Reforma Económica

Una de las cosas por las que Augusto es más conocido es por la extensa construcción que ha llevado a cabo en Roma. Con más dinero fluyendo a la ciudad, se hicieron más inversiones en la ciudad misma. El resultado de esto fue una nueva Roma, ya que se transformó completamente durante el reinado de Augusto. Los edificios fueron renovados, surgieron nuevas construcciones impresionantes, y la imagen de Augusto apareció frecuentemente en obras de arte y estatuas. Los nuevos desarrollos en la ingeniería civil y un renovado interés en la arquitectura hicieron que muchos de los nuevos edificios fueran innovadores y atractivos. La fuerte inversión en edificios públicos hizo que los baños públicos, los templos y los lugares de congregación fomentaran los eventos sociales y el ocio.

Quizás incluso más importante para los ciudadanos de Roma era que estas mejoras en la infraestructura significaban un suministro de agua más fiable y limpio. La paz fuera de Roma trajo muchos beneficios a sus ciudadanos, como por ejemplo una mayor variedad de alimentos más frescos y suministros regulares. Esto trajo una tranquilidad y estabilidad al pueblo de Roma como no se había visto en mucho tiempo.

Una Nueva Roma

Una de las cosas por las que Augusto es más conocido es por la extensa construcción que ha llevado a cabo en Roma. Con más dinero fluyendo a la ciudad, se hicieron más inversiones en la ciudad misma. El resultado de esto fue una nueva Roma, ya que se transformó completamente durante el reinado de Augusto. Los edificios fueron renovados, surgieron nuevas construcciones impresionantes, y la imagen de Augusto apareció frecuentemente en obras de arte y estatuas. Los nuevos desarrollos en la ingeniería civil y un renovado interés en la arquitectura hicieron que muchos de los nuevos edificios fueran innovadores y atractivos. La fuerte inversión en edificios públicos hizo que los baños públicos, los templos y los lugares de congregación fomentaran los eventos sociales y el ocio.

Quizás incluso más importante para los ciudadanos de Roma era que estas mejoras en la infraestructura significaban un suministro de agua más fiable y limpio. La paz fuera de Roma trajo muchos beneficios a sus ciudadanos, como por ejemplo una mayor variedad de alimentos más frescos y suministros regulares. Esto trajo una tranquilidad y estabilidad al pueblo de Roma como no se había visto en mucho tiempo.

Arte y Cultura

La cultura también prosperó bajo Augusto, de nuevo debido en parte a la paz. Augusto animó a los escritores a rendir homenaje a Roma (y por lo tanto también a él). Abogó por un renacimiento de la literatura y las artes, y se consagró a sí mismo como mecenas de los principales poetas. La artesanía también se promovió en todo el imperio, y hubo un aumento en la producción de artículos finos, como piedras preciosas, vidrio, platería, cerámica fina y escultura.

También se restablecieron las creencias culturales y se reavivó la tradición religiosa; se reconstruyeron templos que habían caído en desuso o habían sido dañados por los disturbios civiles, se reinstauraron rituales y ceremonias que habían sido abandonados y se alentó a la gente a enorgullecerse de las tradiciones y de los cultos que habían sido descuidados.

Las muertes de Lépido y Agripa

Augusto se convirtió en el *pontifex maximus* tras la muerte del antiguo miembro del Triunvirato, Lépido, a finales del año 13 o principios del año 12 a. C. Poco después, en el 12 a. C., Agripa murió, lo que demostró ser una gran pérdida para Augusto, quien estuvo de luto durante un mes y ordenó que los restos de Agripa fueran enterrados en su propio mausoleo. Posteriormente se encargó de que la familia de Agripa fuera cuidada y que sus hijos fueran educados.

Después de la muerte de Agripa, Augusto obligó a Tiberio a divorciarse de su esposa y a casarse con Julia. Esto acercó a Tiberio aún más a Augusto, ayudando a construir la dinastía que a Augusto le apasionaba crear. El matrimonio quizás haya sido calculado para asegurar la familia de Julia y la lealtad de Tiberio, sin embargo, ni Tiberio ni Julia estuvieron muy contentos con el matrimonio, y este terminó más tarde en una separación.

Expansión del Imperio

Mientras que la vida en Roma era mejor de lo que había sido durante mucho tiempo, en los límites exteriores del imperio, las cosas eran muy diferentes. La paz reinaba para los ciudadanos del Imperio romano, pero Augusto aún creía firmemente en el derecho divino de Roma a expandirse. El objetivo de la expansión era proteger a la propia Roma y asegurar que el imperio estuviera a salvo de la amenaza de invasión desde otros territorios. Por primera vez, Roma tenía un ejército permanente.

Augusto confió en sus hijastros, Tiberio y Druso, para hacer retroceder los límites del imperio y expandirlo más al norte y al este. Entre ellos, movieron la frontera del Imperio romano hasta el río Danubio. También lo expandieron hacia Alemania, aunque Druso murió en el intento. Tiberio continuó controlando el avance militar y fue recompensado por Augusto en el año 6 a. C. con la oportunidad de compartir el poder de su padrastro. Sin embargo, hubo una rivalidad entre Tiberio y los dos hijos adoptivos de Augusto (sus nietos, Cayo César y Lucio César), que ya eran mayores de edad. Tiberio dejó Roma y se retiró, pero fue llamado de vuelta en el año 4 d. C. después de la muerte de ambos Cayo César y Lucio César. Augusto adoptó a Tiberio como su hijo y le concedió poderes que esencialmente lo hicieron igual al propio Augusto.

Con su sucesión asegurada, la expansión del Imperio romano continuó con más conquistas en Alemania y una mayor invasión en Bohemia. Al mismo tiempo, habían surgido rebeliones que tuvieron que ser sofocadas antes de que la expansión pudiera continuar. Una fuerza militar bien entrenada y leal, guiada por generales experimentados, logró sofocar estas revueltas, pero el daño a los planes generales de expansión ya estaba hecho, y el ataque a Bohemia resultó en un desastre. Tres legiones de soldados fueron destruidas cuando las tribus germánicas se levantaron contra Publio Quintilio Varo, el gobernador romano. Las tropas romanas se vieron obligadas a retirarse y en su lugar se trasladaron al Rin para defender la frontera exterior.

Incluso con esta derrota, se puede decir que el Imperio romano se expandió rápidamente y con éxito durante el reinado de Augusto, tanto que llegó a ser visto como una edad de oro de la expansión. La paz que reinaba dentro de Roma había permitido que el nivel de vida se disparara y que las artes y la cultura florecieran. Este período llegó a ser visto como el comienzo de un tiempo de paz y prosperidad conocido como la Pax Romana, que duró aproximadamente 200 años.

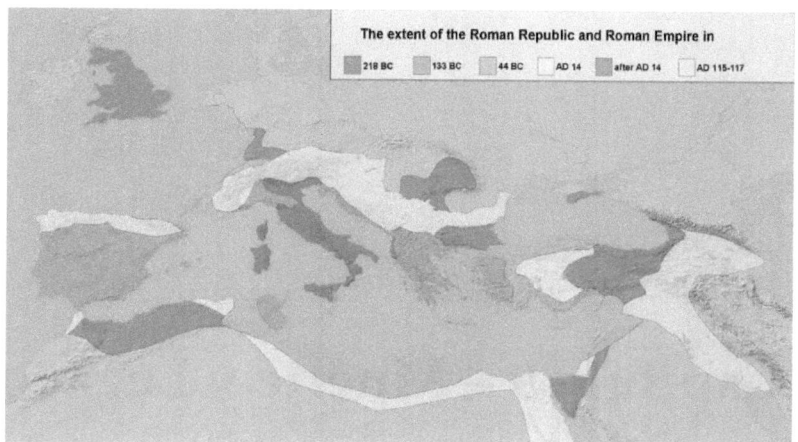

Capítulo 9 – Muerte y Legado

Augusto pasó los últimos años de su vida gobernando junto con Tiberio. Mientras que Tiberio estaba bastante ocupado con la expansión y los logros militares del Imperio romano, Augusto supervisó muchas reformas sociales y administrativas importantes que tuvieron un profundo impacto en la vida del pueblo romano. La infraestructura que se estableció en esta época en Roma tuvo consecuencias directas para las generaciones posteriores a la muerte de Augusto y fue una de las principales razones por las que el período conocido como la Pax Romana duró tanto tiempo.

La Muerte de Augusto

En abril del 14 d. C., Augusto dejó su testamento con las vírgenes vestales. Si tenía mala salud o no, las fuentes no están seguras. Lo que sí sabemos es que cayó gravemente enfermo algún tiempo después y murió el 19 de agosto del 14 d. C., mientras estaba de visita en Nola. Este era el mismo lugar donde su padre había fallecido cuando él tenía solo cuatro años, lo que plantea de nuevo la pregunta de si Augusto había anticipado su propia muerte.

Las últimas palabras de Augusto, tanto las pronunciadas en privado como en público, han pasado a la historia y a menudo se citan por el entendimiento que nos dan de la mente del gran emperador. A aquellos cercanos a él que estaban allí cuando murió, les dijo, "¿He hecho bien mi papel? Entonces aplaudidme al salir". Sus últimas palabras dirigidas al público fueron: "Encontré a Roma una ciudad de ladrillos y la dejé como una ciudad de mármol". Esta referencia a los drásticos cambios que hizo a Roma tal vez nos diga cómo Augusto quería ser recordado: no como un emperador poderoso, ni como un héroe militar, ni siquiera como un líder exitoso, sino como alguien que transformó su amada Roma y la dejó como un lugar mejor al que había encontrado.

El cuerpo de Augusto fue llevado de vuelta a Roma, donde él fue declarado un dios, el máximo honor para un líder romano, y se planeó un magnífico funeral. Roma se paralizó, con los negocios cerrados y la gente llorando públicamente. Después de su cremación, los restos de Augusto fueron sellados en su mausoleo, conocido hoy como el Mausoleo di Augusto. Este mausoleo fue uno de los primeros edificios que completó Augusto y se convirtió en el lugar de descanso final para muchos de sus amigos, socios y familiares. Un gran edificio circular situado dentro de los jardines y con una enorme escultura de bronce del propio Augusto, era un lugar apropiado para enterrar al emperador, y sigue siendo una atracción popular para los que visitan Roma hoy en día.

Por supuesto, para un líder como Augusto morir por causas naturales era algo bastante inusual, y los rumores abundaban en ese momento y en los años posteriores a su muerte. La teoría de conspiración más popular con respecto a su muerte es que Livia Drusila, su esposa, lo envenenó con higos. El motivo de tal acto habría sido, sin duda, asegurar el papel de emperador para su hijo Tiberio, pero esta teoría se considera generalmente como una forma de propaganda inventada por aquellos que favorecieron a un heredero diferente tras la muerte de Augusto.

Livia tomó un papel muy activo en la vida política después de la muerte de Augusto. Heredó un tercio de las propiedades de su marido, y como siempre había sido una fiel consejera en la que Augusto confiaba para dar sabias recomendaciones, tomó el mismo papel cuando su hijo Tiberio le sucedió. Augusto adoptó a Livia en la

Familia Julia en su testamento, y se le concedió el nuevo título de Julia Augusta.

Tiberio como Sucesor

Tiberio era el sucesor obvio de Augusto; ya tenía la mayoría de los mismos poderes que el propio Augusto, y los dos habían gobernado juntos durante varios años antes de que Augusto muriera. Sin embargo, había otro rival potencial para el poder: Agripa Póstumo, un hijo de Agripa, a quien se le dio este inusual nombre porque nació después de la muerte de su padre. Había sido nombrado coheredero antes de la muerte de Augusto, pero fue exiliado repentinamente en el año 6 d. C. por razones que nunca se confirmaron. Poco después de la muerte de Augusto, Agripa Póstumo murió bajo circunstancias sospechosas. Se rumorea que fue asesinado por sus guardias por orden del propio Augusto o de su esposa Livia, para evitar que reclamara el poder.

Tiberio ya se había retirado de su posición y dejado Roma en una ocasión anterior, estableciéndose en la isla de Rodas cuando Augusto parecía decidido a criar a sus hijos (y nietos) adoptivos con el posible objetivo de moldearlos en sucesores adecuados. Tiberio era considerado por muchos como un general brillante y tuvo muchos éxitos militares, pero hay una sensación generalizada de que no quería realmente gobernar y no tenía un verdadero amor por el poder. Se le consideraba un personaje serio y sombrío, que prefería su propia compañía hasta el punto de que el filósofo y escritor Plinio el Viejo lo llamó "el más sombrío de los hombres". Tiberio se volvió más solitario con el paso del tiempo, y su madre lo presionó mucho. Finalmente, Tiberio dejó Roma y delegó sus deberes a sus prefectos en el año 26 d. C. Vivió otros once años y murió en el 37 d. C. bajo circunstancias sospechosas, siendo sucedido por Calígula.

El Imperio Romano Después de Augusto

El Imperio romano que había nacido bajo la guía de Augusto duró hasta el 476 d. C. El período de estabilidad y prosperidad de Pax Romana que comenzó con el gobierno de Augusto duró alrededor de 200 años, y fue durante este tiempo que el Imperio romano alcanzó su punto más alto. En los siglos II y III d. C., el Imperio romano comenzó a decaer, ya que sufrió de inestabilidad, y de una serie de crisis que llevaron a la eventual división del imperio en el Oriente Griego y el Occidente Latino. La invasión de los hunos, liderada por Atila, contribuyó al declive del Imperio Occidental, mientras que el Imperio Oriental cayó ante la invasión de los turcos otomanos. Hacia 480 d. C., el Imperio romano de Occidente había desaparecido; el Imperio romano de Oriente duró hasta 1453.

Legado

Uno de los legados más conocidos dejados por Augusto es el mes nombrado en su honor para celebrar las victorias de las que estaba más orgulloso, especialmente la batalla de Accio. Él eligió renombrar el mes que antes se conocía como Sextilio, de la misma manera que Julio César había renombrado a Julio. Sin embargo, hay muchos otros legados importantes que Augusto dejó atrás que son menos conocidos, pero que sin embargo han tenido un profundo impacto en el mundo.

Augusto fundó un servicio de extinción de incendios en Roma que no solo se ocupaba de los incendios, limitando los daños y salvando vidas y edificios de la amenaza potencialmente devastadora del fuego, sino que también servía de centinela. Un grupo altamente organizado de unidades patrullaba la ciudad por la noche para mantener el orden. Esto se convirtió en uno de los primeros servicios policiales, conocidos como cohortes urbanas, que protegían la ciudad y sus habitantes de los desórdenes civiles, los disturbios y los brotes de violencia.

La frase "Todos los caminos conducen a Roma" es un testamento del gran número de caminos construidos bajo el mando de Augusto. Él sabía que mejores caminos significaban mejor comercio, más fácil movilización de los ejércitos y una vida más fácil para los ciudadanos que ahora podían viajar para hacer negocios. No fueron solo los caminos los que aparecieron bajo su mandato, sino también puentes, acueductos y rutas comerciales. Esto abrió el territorio romano de una manera nunca antes vista, y esta fue una política que continuó mucho después del reinado de Augusto. El hecho de que muchos caminos modernos en Europa sean caminos romanos que han sido actualizados a lo largo de los años es un asombroso testamento de la infraestructura construida por Augusto y sus sucesores.

Los caminos por los que la gente podía viajar con fines comerciales significaban que el comercio florecía, y esto requería dinero. Augusto vio el desarrollo de un sistema monetario uniforme, y este sistema fue adoptado mucho más allá del Imperio romano. De hecho, muchas de las innovaciones del Imperio romano continuaron a desarrollarse más allá de las fronteras del imperio. El servicio postal es un excelente ejemplo de esto. Augusto estableció una serie de puntos de relevo para que los mensajes pudieran ser enviados rápida y fácilmente, lo que más tarde se convirtió en un sistema postal que inspiró sistemas similares en otros lugares.

Augusto dejó un legado duradero y, de hecho, se podría argumentar que pocos otros líderes han tenido un impacto más profundo en el mundo. Dentro del Imperio romano, podemos ver los bloques de construcción de las sociedades modernas, así como su impacto en el gobierno y la infraestructura, sin mencionar la ley, la filosofía y la religión. El impacto de la arquitectura romana se puede ver en la tradición neoclásica que se utiliza en prácticamente todas las ciudades del mundo occidental. La literatura que salió de Roma todavía es leída, interpretada, traducida y estudiada por eruditos de todo el mundo; piense en Horacio, Virgilio y Ovidio, para nombrar solo algunos. El idioma español no sería lo que es hoy sin el latín de Roma que le dio origen. La difusión del cristianismo también puede ser atribuida en gran medida a su adopción por Roma. El verdadero alcance del efecto que la vida de Augusto ha tenido en el mundo en los últimos 2.000 años es simplemente inconmensurable.

Conclusión

Augusto forjó un camino para convertirse en el primer emperador de uno de los imperios más poderosos e influyentes que el mundo haya visto. Su método de disfrazar su imperio como una república y esconder su hambre de poder detrás de una fachada de valores tradicionales significó que fue capaz de crear efectivamente una transformación gradual en el tipo de gobierno que deseaba. Con paciencia y astucia, se convirtió en uno de los líderes más famosos que jamás haya existido.

Su determinación a triunfar, a pesar de los peligros, a pesar de los reveses y a menudo a pesar de la necesidad de violencia y engaño, lo convierte en una de las figuras más fascinantes de la historia. Mientras que las fuentes históricas nos dicen poco de su carácter, solo nos es posible deducir cómo pudo haber sido el famoso Augusto mediante el estudio de sus actos. De esta forma, lo que nos espera es un cuadro contradictorio.

Por un lado, Augusto fue un líder brutal, un general despiadado en su búsqueda por conquistar y expandir el Imperio romano. Por otro lado, estableció una paz duradera en Roma e hizo reformas y cambios radicales que indudablemente mejoraron la vida del pueblo de Roma. Mientras la historia sigue juzgando los actos de Augusto, lo único que sigue evolucionando es el legado dejado por el hombre y su imperio.

Bibliografía

(2019). Retrieved 5 November 2019, from https://www.history.com/topics/ancient-rome/ancient-rome
ancient Rome | Facts, Maps, & History. (2019). Retrieved 5 November 2019, from https://www.britannica.com/place/ancient-Rome.
Blackstone, W., Priestley, J., Furneaux, P., Foster, M., & Mansfield, W. (1967). *Commentaries on the laws of England, in four books.* Buntingford [England]: Layston Press for Oceana Publications, New York and Wildy & Sons, London.
McGill, S. *Augustus.*
Mellor, R. (2006). *Augustus and the creation of the Roman empire.* Boston: Bedford/St. Martin's.
Payne, R. (2009). *Ancient Rome.* La Vergne: J. Boylston & Company, Publishers.

Roberts, T. (2000). *Ancient Rome.* New York, NY: Metro Books.

Rome Tourism and Travel Guide - Visitors Travel Guide. (2019). Retrieved 5 November 2019, from https://www.rome.net

Rome.info > Rome tourist information. (2019). Retrieved 5 November 2019, from htttps://www.rome.info.

Shotter, D. (2005). *The Fall Of The Roman Republic.* Hoboken: Taylor & Francis Ltd.

Simpson, J., Roberts, P., & Bachem, P. (2005). *Ancient Rome.* New York: Barnes & Noble Books.

Suetonius Tranquillus, G., & Rolfe, J. (2001). *Suetonius.* Cambridge (Mass.): Harvard University Press.

Tanner, J. (2000). Portraits, Power, and Patronage in the Late Roman Republic. *Journal Of Roman Studies, 90,* 18-50. doi: 10.1017/s0075435800031312.

Williams, J. (1999) *Augustus.*

Vea más libros escritos por Captivating History

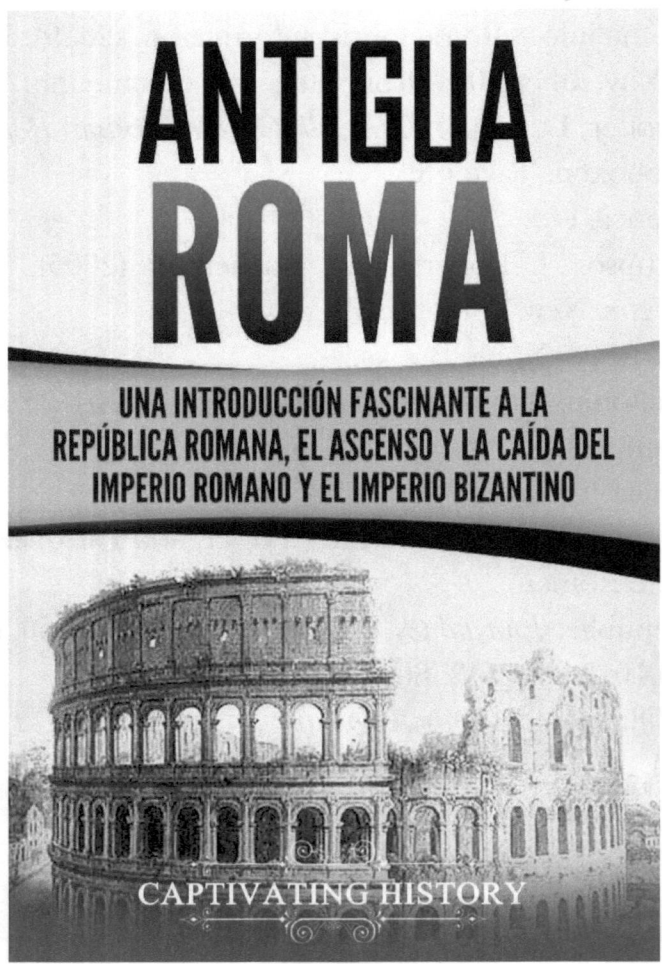

www.ingramcontent.com/pod-product-compliance
Lightning Source LLC
LaVergne TN
LVHW042003060526
838200LV00041B/1853